AF600030

EDITORIAL
CUADERNOS DEL LABERINTO
20
2006-2026

José Antonio Buil

OTROS MERIDIANOS

QUE NO ESTÁN EN LOS MAPAS

PRÓLOGO:

MARI PAZ PELLÍN

EDITORIAL CUADERNOS DEL LABERINTO

—Anaquel de poesía, nº159—

Madrid • MMXXVI

De la edición © CUADERNOS DEL LABERINTO
Derechos exclusivos de esta edición en lengua española:
© Cuadernos del Laberinto
www.cuadernosdelaberinto.com

De la obra © JOSÉ ANTONIO BUIL

Directora de la colección: ALICIA ARÉS

Diseño de la colección © Absurda Fábula
www.absurdafabula.com

Prólogo © MARI PAZ PELLÍN

El papel utilizado para la impresión de este libro, fabricado a partir de madera procedente de bosques y plantaciones sostenibles, es cien por cien libre de cloro y está clasificado como papel reciclado.

Impreso por COPIAS CENTRO (Madrid)

Impreso en España.

Primera edición: MAYO 2026

Depósito legal: M-11165-2026
I.S.B.N: 979-13-87751-37-1

PRÓLOGO

Si hay algo claro en la poesía de Buil y especialmente en este bello y breve poemario, es una sensación que recorre todo el libro en su lectura, una sensación que nos sitúa en el pensamiento del poeta, justo en el interior de su cabeza, donde ojos ávidos de información y de deseo observan (devoran) un mundo que se ha convertido en un río de destellos. El poeta entonces mira y detiene el movimiento, el flujo de las cosas. Se convierte en la Medusa que penetra, explora, analiza, conoce y petrifica todo aquello que pasa dentro o fuera, aquello que se pone por delante.

En estos *Otros meridianos* el poeta mira, describe y se describe a través de leves ráfagas de claridad que remiten al hombre que nos habla. Todo es él, quien siente y se resiente, quien piensa y se sorprende, quien se deja impresionar, y sin embargo, hay algo transformador en este libro. La lucidez suele ser amarga e ir contra sí misma. Ese *yo* que mira, esa voz que habla, lejos de ser una conciencia cartesiana, dueña de sí, omnisciente y segura, que trasciende el mundo y quien lo juzga, pasa a ser un *yo* disuelto en aquello que contempla, un sujeto imaginado que, a la manera de Hume, sólo es en cuanto observa, convertido entonces en la multiplicidad de reflejos que de él nos da el mundo, un punto de fuga alrededor del cual giran cientos de impresiones, percepciones, recuerdos que al poeta le asaltan y sacuden.

Es por eso que Buil vierte poemas como quien arroja el agua dejando sobre el suelo el barro aún caliente donde se agitan peces, un caleidoscopio de impresiones de vocación fugaces que el poeta detiene y las observa: una mecha de pelo que cae sobre la frente, las llaves de una casa que cambian de lugar, una gabardina gris, una taza de café, el humo del cigarro y un zapato de tacón. *Ser es ser percibido* como dijo Berkeley, no somos más que el mundo que pasa por la mente, el *yo* queda disuelto en los objetos que quedan suspendidos un instante delante de nosotros creando el espejismo necesario, pero absurdo, de una identidad unificante. Como los meridianos, el *yo* no es más que un punto imaginado, un trazo que se inventa con el fin de reunir todo aquello que ilumina el sol del mediodía: el color azul casi naranja y la sensación de vacío, la trenza pelirroja y el imposible duelo, la herida que no cierra y el grafiti en la pared...

No obstante, este juego dionisiaco de impresiones que asaltan al poeta, este río de destellos que nunca volverán y que harán, como decía Heráclito, que nunca el río sea el mismo río, tiene un límite, pues un cierto orden los congrega, les dota de un sentido en torno a tres grandes meridianos: el meridiano social, el cultural y el pasional, tres grandes líneas manifiestas y anunciadas ya en el título. Sin embargo, existe otro orden mucho más sutil, un ritmo mucho más profundo, una cadencia lenta que arranca del cuerpo del poeta y que arrastra al lector a un cierto estado de conciencia. Cautivados por el ir y venir de las palabras, por los versos medidos y domados (endecasílabos, heptasílabos, alejandrinos y quebrados), nosotros, los lectores, entramos sin saberlo en un tiempo atravesado por un canto (el *yo* que dicen), por la voz que regresa del silencio, que abre bien los ojos, que mira y nombra como si fuera ésta, en este mismo instante, la primera vez.

Leer estos poemas merece entonces descalzarse, pisar sereno el barro y sentir los peces que palpitan ciegos por debajo. Respirar profundo, entrar tranquilos y desear, al regreso, no haber salido indemnes.

MARI PAU PELLÍN

NOTA DEL AUTOR

El individuo ha quedado disuelto en la sociedad de hoy, que le relega a un papel subsidiario de mero consumidor. Aunque ahora esté hiperconectado (o quizá por ello) le ahoga y entorpece en el desarrollo personal equilibrado, emocional e intelectual, que se requiere para poder conseguir bienestar, felicidad y un progreso armónico liberador y productivo a lo largo de su vida. Olvida, así, los meridianos que unen como hilo conductor las dos cualidades humanas por excelencia: pensar y sentir, sentir y pensar.

Este poemario agrupa un conjunto de estos otros meridianos que no están en los mapas, pero sí lo están en nuestras vidas, siquiera de forma intangible o solapada. Los poemas han sido distribuidos en tres partes, aunque a veces en cualquiera de ellas aparezca el reflejo o intersección de unos con otros; lo decía Neruda: «la poesía es como un pájaro, no conoce fronteras». En la primera parte hallamos *meridianos* (poemas) de contenido o significado fundamentalmente social; la segunda, son más de tipo cultural y creativo; y la tercera son de índole pasional, porque de todas ellas estamos constituidos, tal como se aprecia en la cita de Bertrand

Russell que abre el poemario, donde el gran filósofo y matemático inglés nos dio buena cuenta de ello en su Autobiografía.

Finalmente, sirva este espacio para expresar mi gratitud a Mari Paz Pellín Sánchez —*Pau Pellín*— autora del prólogo, profesora de filosofía y reconocida artista de la pintura y el dibujo en nuestro país, a quien estimo y admiro, dedicándole uno de los poemas (Oikobiblion) como particular homenaje al trabajo y originalidad de su obra.

Alicante, 22 de febrero de 2026

JOSÉ ANTONIO BUIL

OTROS MERIDIANOS

QUE NO ESTÁN EN LOS MAPAS

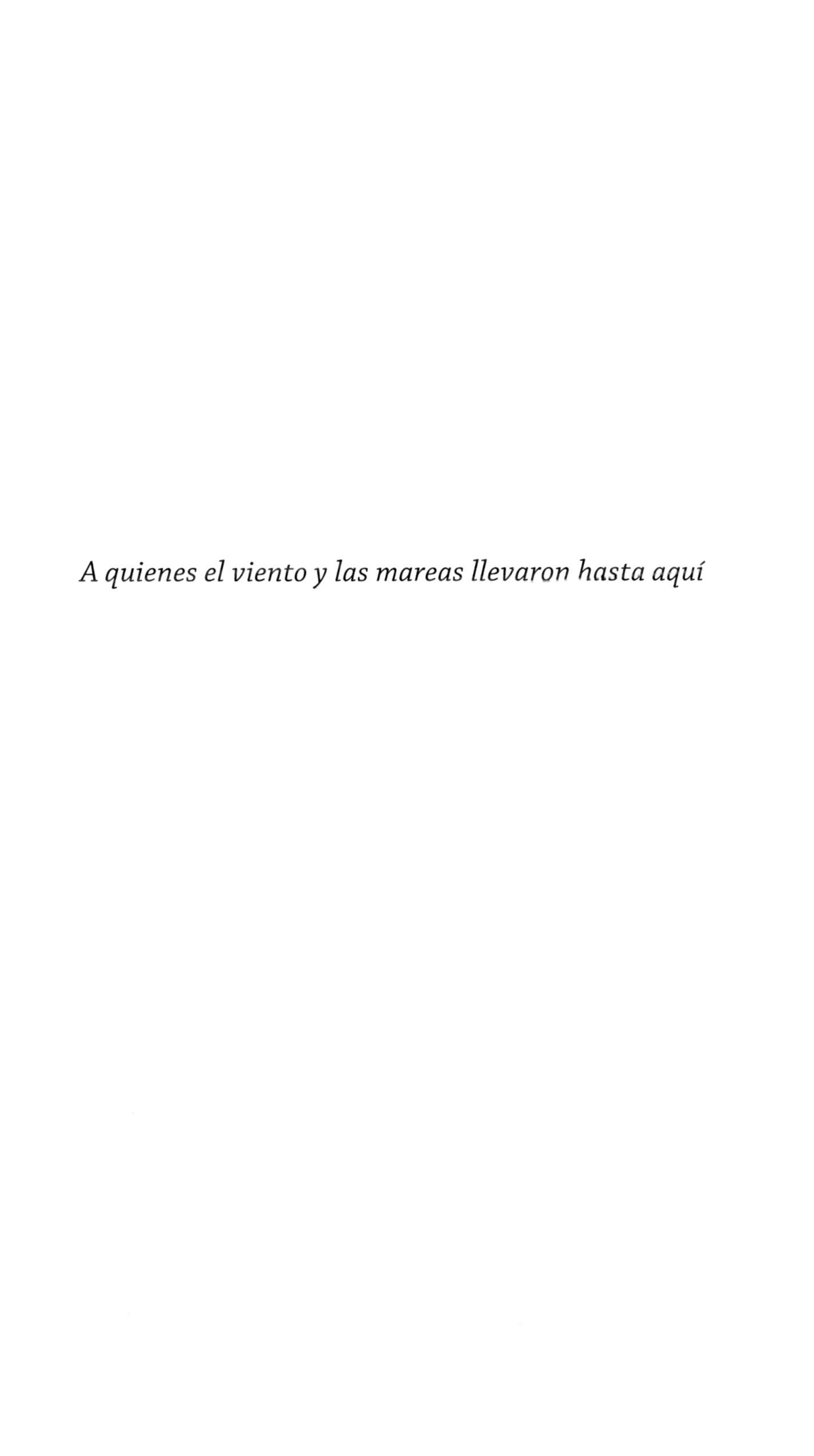

A quienes el viento y las mareas llevaron hasta aquí

«Tres pasiones simples, pero abrumadoramente intensas, han gobernado mi vida: el ansia de amor, la búsqueda del conocimiento y una insoportable piedad por el sufrimiento de la humanidad. Estas tres pasiones, como grandes vendavales, me han llevado de acá para allá, por una ruta cambiante sobre un profundo océano de angustia hasta el borde mismo de la desesperación»

BERTRAND RUSSELL

«What I have lived for»
(frag. *Para qué he vivido*, Autobiografía, 1967)

PARTE I

meridianos sociales

BITÁCORA

Acaso no merezca la pena su relato
ni la historia de las navegaciones,
pero dejadme encerrado en mi urna,
alertad la pasión de mi conciencia,
dejad que luzca al menos mi repulido bronce,
la extraña compostura de una calma indecisa
cuando se precipita
la noche entre la niebla
                    y la quietud del mar.

Mantened firme el rumbo, timonel,
ajustad el sextante, amarrad bien los cabos,
aunque no se divisa la galerna
sopla viento sureste,
leve brisa de oscuras intenciones.

(Hasta aquí el cuaderno de bitácora,
                    su esmerado infortunio,
lo demás son hojas sueltas, borrones,
tachaduras, palabras ilegibles...)

EL TÚNEL

Nos vemos, pero no nos conocemos,
nos miramos a través de un cristal
que muestra la figura de un perfil
y una breve secuencia de su vida.

Hay nombres de amistades digitales,
fotos quizá de sus familias, fiestas,
viajes, vídeos de momentos mediáticos...

Y la lluvia quizá no esté presente,
                ni el fuego del hogar
ni el humo de las chimeneas,
o la niebla que corre por el valle
                por ese viejo túnel
por donde antes pasaban los carruajes
                cargados de carbón,
mucho antes de que el apocalipsis
                mostrara sus ingenios
sobre las lomas de Silicon Valley.

Pero ese viejo túnel
ahora se parece a un laberinto,
carece de señales de salida,
                así que poco a poco
nos conduce quizá a ninguna parte.

INVENTARIO

Pisamos una ciénaga
de arenas corrompidas:
                    tasamos por igual
la risa equivocada y el horror,
la pasión triunfalista
y sus iniquidades, los acuerdos
                    y sus incumplimientos,
                    las cuentas que se saldan
y aquellas que dejamos
pendientes de saldar,
                    las balas de un revólver
                    y el palo de una escoba,
la piel de la naranja
y el color de la suela del zapato,
                    la hormiga y la serpiente,
                    la perla y el colmillo,
la sombra de una higuera
y las torres de climatización,
                    la sangre de la víctima
                    y el hacha del verdugo,
el tumulto y el lobo solitario,
la niebla a medianoche
                    y el humo de una hoguera,
la seda perfumada de tu blusa
y el raído tencel
que reviste la puerta del armario.

MENDIGA

Miro el cielo esta mañana, me veo
los ojos en los pies.

Junto a los soportales yace un busto parlante
en una manta de atigrada piel.
Enfrente, invisible,
hay alguien que la escucha.

La mendiga es elocuente en su plática
acaso indescifrable;
con sigilo me acerco al escuchante
que no se deja ver:
un tabardo y una gorra que cuelgan
de una percha, como un espantapájaros,
y el carro de la compra donde guarda
dos kilos de naranjas
                    y tres de sobresaltos.

Un mozo del servicio baldea las aceras,
es hora de abrir la entidad bancaria...

SOLO SE SALVARÁN LOS LOCOS

a Vicente Ramos

I
Solo se salvarán los locos
en sus carros de fuego
y su loca existencia intemporal,
solo ellos se salvarán del mundo,
solo ellos de sus iniquidades
porque ya las vivieron
en los largos amaneceres
de vigilia y desesperación...

II
Solo se salvarán los locos
porque ellos fueron quienes se mostraron
siempre más allá de las apariencias,
solo ellos, reunidos frente al púlpito
del fondo huracanado de la noche,
entre el magma de nuestra indiferencia
y el olvido prestado de los muertos.

III
Ellos y solo ellos
—podemos verlo a través de sus ojos—
aúnan lo dispar y lo sublime,
la pura redención de la palabra,
el *memento mori* con sus gramáticas
para explicar el mundo y dejarlo habitable.

IV

Hace tiempo oí decir a alguien
que el mundo había perdido
el tono azul de su oportunidad.
Quizá no estaba equivocado,
me vino a la cabeza mientras daba un repaso
a los viejos fantasmas de Foucault.

CRONOFAGIA

para Nonay

El día tiene demasiadas horas
y el año tiene demasiados días,
pero nadie nos advirtió de ello.

Creíamos tener la obligación
de extender y aspirar cada minuto
igual que la nariz aspira el polvo blanco
de una raya dispuesta en un cristal.

Y así fuimos llenando los pulmones
de segundos que no sabían a nada,
de promesas que se evaporaban
en el humo tibio de un cigarro ajeno.

Nadie nos enseñó a detenernos
y mirarnos sin aspirar el polvo,
a dejar que el minuto se posara
como un pájaro sin prisa en la ventana.

Nos dijeron que vivir era urgente,
que el reloj era un dios con hambre,
                    y nosotros, tan fieles,
servimos nuestros sueños
                    en bandejas de plata.

A veces lo olvidamos, respirar
no es rendirse, es solo detenerse
delante de un vacío
                              acaso inevitable.

ALACRÁN

por una nueva poesía social

Aprendí cosas
en institutos y universidades,
                    allí las aprendí;
también en las paradas de autobús
o apoyado en la barra de algún bar;
en la cola de los supermercados;
                    en el área de Urgencias
                    y en la de los quirófanos;
en la Renfe y en las gasolineras;
aprendí cosas en Hacienda, cosas
en las ITV, en los talleres
                    de los concesionarios...

Cosas aprendí
en el vuelo fugaz de una paloma
al ver el horizonte y sus amaneceres,
en la noche tumbada en las aceras
bajo el frío rigor de la intemperie,
y cosas en la espera
                    primaveral de abril.

Allí aprendí cosas,
pero no en la cara de la gente
                    que va con prisas,
no en el bullicio de la muchedumbre
                    ni en sus veleidades,

no en las trapas de las alcantarillas
bajo las que se oculta
la hipocresía y sus falsas verdades,
no en el clan hechicero que promete
salvapatrias que no nos salvarán,
mientras ellos se ponen a cubierto
del acecho que teje la tarántula,
del colmillo que muestra la serpiente
o el dardo de veneno
que al pisarlo te clava el alacrán.

CONTRAPOEMA

a Chalo Orellana

¿Qué tenemos delante de los ojos
aparte de la falsa apariencia de las cosas?
¿Hacia dónde se inclina la mirada
cuando oímos la voz de una conciencia
que clama desde dentro?

No es posible el recuerdo de uno mismo
sin ver en el pasado
la fingida ilusión de una esperanza,
el guión de una historia que no tuvo final
o el eco de una bella melodía
casi olvidada.

Nos han robado el tiempo
pero tampoco le tuvimos ganas,
y aún así proyectamos
la insidiosa y patética exigencia
del reconocimiento
que nunca se nos dio ni merecimos.

Ya nada de eso somos, carecemos
de toda identidad que nos defina,
caminamos hacia la indiferencia
ante el muro callado de lo incierto
y apretamos la cuerda que nos ata
a este errante sentido de la vida.

EL DOLOR

El dolor no se fía de nosotros
y ataca desde puntos diferentes;
                decir dolor, ya duele.
El duelo tiene un techo de cristal
color morado sobre fondo cian.

El dolor se interpone en el olvido
                con gran temeridad,
excita la memoria de su propia memoria,
el tiempo inagotable
                donde todo acontece.

El dolor deja un rastro de vesículas,
                y allá por donde pasa
cubre la piel de cicatrices.

No nos vale decir que es una excusa,
ni que solo son patas de la araña
disecada en los laboratorios
del potente patrón psicoanalítico
                que un dia nos legó
el gran Carl Gustav Jung.

Quizá nos olvidemos del dolor,
pero él jamás, nunca nos olvida.

PRONTUARIO

Panta rei (Heráclito)

Hazte el muerto,
apártate de todo
y ya no necesitarás a nadie.

    Corta los hilos de tus meridianos
    y no supliques
    porque otros tantos aparecerán.

Navega sin bitácora,
deja sueltos los cabos,
de nada servirán cuando naufragues.

    Corta la leña y préndele fuego,
    no cuentes las horas
    y observa cómo arde.

No te precipites,
deja que el río fluya,
su música hará todo por ti.

    Renueva tus silencios,
    pues también las palabras
    merecen su descanso.

Pero lanza los dados
    e ignora estos consejos,
aplícate los tuyos
y olvida para siempre este poema.

PARTE II

meridianos culturales

GRAFITI

Era el día en medio de la calle,
lugar, por lo demás,
idóneo para desconocerse.

¿Cómo fue que al instante en un descuido
pasáramos por alto este pájaro muerto?
No saber
adónde iba en su rasante vuelo,
no saber
el destino robado que le espera,
para quién retenía
el grano de maíz amarillento,
la cara de sorpresa del muchacho
que cruzaba extramuros, sin saber
cuando le preguntaron
si valdría la pena
colgarlo en internet
o solo era una parte
del mundo y sus despojos.

Y ahora este dibujo y este pájaro
en medio de la calle,
con la lengua caliente todavía
y la punta del pico medio abierto.

EL MANUAL

(Manual de diosas, Carmen Plaza*)*

Deshojo los poemas
reunidos en el *Manual de diosas*:
son tan cálidos y a la vez tan fríos
como la lumbre de una hoguera
hecha de mobiliario antiguo
y enseres propios.

¿Cómo saber de dónde se nutre su belleza?
¿Cómo con una mano nos conduce
por el arco de su fragilidad
y con la otra
nos empuja con fuerza, valor y desencanto?

Así, a paso lento,
firme y decidido, como pisada
de lobo blanco que sigue a su presa
hasta la madriguera
porque sabe que no tiene salida;
así estos poemas penetrantes
que releo intranquilo
en la intensa canícula
de este impertinente mes de agosto…

OLENA Y LAS TAQUILLAS

Playa del Postiguet, Alicante

El sol es un hechizo
y un cebo al mismo tiempo.
Olena monta guardia
en la zona de acceso hasta la playa;
supervisa con celo
su inmueble de alquiler
de pequeñas taquillas ecológicas,
casilleros de tono anaranjado
que se accionan en clave digital;
fiel espejismo
de aquellos carromatos
de títeres de trapo y cómicos de feria.

La discreta presencia que la envuelve,
su constante contacto con la arena,
la tela de su bolso en bandolera
donde guarda, tal vez,
el arco con que lanza sus flechas invisibles,
el arco que protege su nórdica esbeltez
como una providencia
de la diosa Artemisa.

Pero el sol no da tregua en su dominio,
el calor inhabilita el descanso
y marca la distancia
de unos cuerpos tumbados
entre el ir y venir de los bañistas.

LA JOVEN ARMENIA

para Lilith

Escribo en la ansiedad que me perturba
y es allí donde tú me apareciste;
corría una manada
                    de lobos por mi espalda
cuando se vio caer la tarde
                    igual que una luciérnaga
alumbra en el pequeño cenador.

Se acercó como una gata en silencio
                    con su libreta en mano
de anotar la comanda, parecía
la Madonna de Rubens
                    con la mirada azul
y su estela de lánguida viveza.

No es preciso entrar en más detalles,
sino estar al aviso
                    de su canto melódico
endulzando las cuerdas de una cítara.

Fue el momento de hacerle dos preguntas:
¿Cómo dices que te llamas? ¿De dónde
procede tu linaje?

Y al instante la historia se hizo bíblica...

OIKOBIBLION

a Mari Paz Pellín

Es preciso alejarse para verlo,
caer entre murallas de papeles quemados
por la luz que penetra en la rendija,
fluir en su descenso sobre las catedrales
atravesando sus enormes cúpulas,
trepar por las paredes y sentir
                    la violenta quietud
que desborda por las estanterías
de grandes bibliotecas atestadas de libros,
                    recortes de periódico,
collages de revistas con hojas arrancadas
                    y una bala en el centro.

Es preciso alejarse para verlo,
figuras fantasmales
                    de sombra indefinida,
tinta y cenizas en papel fabriano
trazadas con la misma consistencia
que la piel que humedece la acuarela
                    en ese membrillero
que recuerda el aroma de un jazmín.

Todo acaba para que todo vuelva,
todo vuelve para que todo acabe
en esas bibliotecas de Babel,
y es preciso alejarse para verlo.

MOMENTOS

para Eugenia SR

¿A qué llamar momento
sino al mortal disparo
de la flecha de un tiempo mal resuelto?

Un tiempo sin lugar en el espacio,
tampoco en la memoria
que busca su acomodo y huye
velozmente hacia la eternidad.

Igual que en un momento
la chica de la mesa da un tropiezo
derramando su taza de café,
y el joven camarero
sonríe cortésmente
al ver la tobillera
que luce la muchacha
vestida con zapatos de tacón.

Habría sido suficiente
dejarla de mirar por un momento
para dar la experiencia por perdida
y al instante sentir un desconsuelo.

ES INÚTIL

a Vicente Férez

¿Qué podría decir del desapego
cuando arrasa y devasta
como el incendio de un bosque de huesos?

¿Qué añadir a la falta o a la pérdida
que fulmina el instante de equilibrio
en que más de una vez nos mantuvimos?

Entonces intentamos escuchar
el silente reclamo del olvido.

Es inútil hablar más de la cuenta
cuando sobran palabras
que escribo en mi diario de escasez.

Es inútil decirlas totalmente desnudo
y estar junto a la fosa
que clava su mirada
en los altos trigales de la noche
hasta el amanecer.

Es inútil borrar tantas heridas
porque ya penetraron carne adentro,
como el hacha que corta
el vientre de la víbora
que lentamente
avanza y se desliza por mis pies.

LA BRECHA

Hay palabras que evocan un recuerdo
y apenas pronunciadas se disuelve.

Se hace una brecha que corta el vacío
como un eco que no encuentra paredes,
como el vaho que empaña los cristales,
como un llanto que estalla en los oídos.

En los mismos lugares
donde infancia y plenitud eran lo mismo
ahora solo queda un resto de hojarasca,
                    agua turbia donde antes
                    brotaban manantiales,
el menudo esqueleto de algún pájaro
que anidó en las copas de los árboles.

Aquellos fueron tiempos de un ayer
                    que apenas se sostiene,
y es que parece como si la vida
no estuviese de acuerdo con nosotros.

Hay palabras que evocan un recuerdo
y a veces embarrancan
                    en un banco de arena
de una isla remota que no nos pertenece
y que desconocemos.

POÉTICA FORENSE

Componer un poema
no solo es escribir,
es como arrancarte una uña
o rasgarte la piel,
beberte un vaso de agua y decirte
que ya se te hace tarde
para andar rebuscando
la parte de la esdrújula
que invierta la asonancia,
o dónde va el acento
que mejor nos contraiga el corazón.

Hay que evitar las aliteraciones,
darle ritmo al contexto,
reducir las anáforas al mínimo,
no abusar del hipérbaton
y ajustar con cautela las elipsis.

Pero todo al final resulta inútil,
todo no es más que pura vestimenta
que trata de ocultar
el cuerpo del cadáver exquisito
que al final acabaremos siendo.

LA CLASE DE YOGA

para Sandra

El silencio es la cumbre
de la complejidad,
cuando la voz es más que la palabra
y el bullicio solo es un polvo blanco
que viene de la calle.

¿Cómo pudo dejarse los periódicos
para darle a su cuerpo atmósfera de calma
y a la vez
ser tan dúctil como un hilo de cobre
flexible en su dureza?

Estado no lineal
que ya no necesita estado alguno,
pebetero de sándalo aromático
donde el mantra sahúma,
acústica de zen,
asana de la esfinge,
sonido de sitar,
latido que no urge y se abre ante la vida
como la flor de loto
se abre ante la luz y la trasciende.

Ooooomm...
Namasté

PARTE III

meridianos pasionales

AZUL CASI NARANJA

«Eran unas calles naranja de preguntas sin respuesta»
(*Las infancias sonoras*; Nuria Ortega, 2022)

Azul es el color de la deriva,
intenso azul como la nave
                    de los que no volvieron;
                    azul casi naranja
como el canto perdido
                    que emite una sirena.

Índigo y añil trazarán tus ojos
verde esmeralda de preciados tintes
                    y azul será la flor
que perfume tu larga cabellera
sobre el hondo arenal de tus clavículas.

Es el azul que tiñe de naranja
                    lugares tan remotos,
lejanos horizontes donde el amanecer
despierta con su llama lapislázuli
en el blanco repliegue de las sábanas.

                    Puro azul de verano
que adormece las hojas de los árboles,
mientras guarda en secreto aquel idilio
con la chica de trenza pelirroja
                    cuando me dijo adiós.

EVELYN

Muestre el azar su trazo discontinuo,
aparezca el enigma
que a veces le precede,
halle un hilo de esperanza y que vuelva
a ser en el instante
de la primera vez.

Acuda yo a tu templo de Vesta,
penetre sus compuertas
en otra noche oscura
y encienda con sus fuegos la pasión
que rodando me arroja
en brazos de tu cabellera celta.

Será un final difícil cuando me digas no,
un acervo infinito
de fiel completitud,
de resaca imparable de los vientos
que azoten lo que quede
de aquel aroma púrpura
que el estuche de Dylan derramara
sobre el vestido de tu piel desnuda,
o el cálido contacto de mis labios
pegados para siempre
a las intimidades
de las dulces vaguadas de tus ingles.

(Son más de las tres de la madrugada
y no consigo conciliar el sueño)

EXPERIENCIA DE UNA PÉRDIDA

Me ha dado por pensar
                    que la vida no entiende
de escenarios absurdos ni fronteras,
que dispensa las oportunidades
de unir otros caminos
                    que fueron divergentes,
de salir a la calle en alpargatas
                    cuando cae la lluvia
y los charcos empapan mis pisadas;
cuando cierro la puerta de la casa
donde habita el olvido, la pasión,
                    los momentos felices
de comer sin mantel un huevo frito
                    pero en tu compañía...

Ya sé que no es romántico, lo sé,
                    pero me condiciona
este agudo dolor en mi garganta,
este corte de filo de navaja
derramando la sangre que aún provocan
las profundas heridas de tu ausencia.

RAVE

Hay un atún tumbado
indolente en la orilla de la playa,
viste gafas de sol y zapatillas
blancas de la marca Tommy Hilfiger,
pero hoy no es buen día
                    para lucir *glamoures*
bajo este cielo gris
                    que amenaza tormenta.

Y tú con esos pelos
y una mecha dorada por la frente,
que mejor estarían recogidos
                    que rendidos al viento
en la falsa gavilla de tu nuca.

Pero sigues callada y no me hablas,
te resumes en un puro desorden
                    de labios despintados
que adelanta las horas del reloj,
o descalza te vuelves a la cama
sin tomarte la taza de café.

Y es que, amiga mía,
todavía te dura la resaca...

HOY MISMO, AHORA MISMO

Tendría que intentar escribir algo,
hoy mismo, ahora mismo.
Tendría que plomar esta pared
que se eleva ante nosotros
mientras desayunamos estos días
de algas con arena.

Devuélveme la pena que era mía,
no me toques la espalda, deja que arda
bajo esta leve brisa
que cruza el archipiélago
en forma de atrevida desnudez.

Algo tendría que escribir hoy mismo,
ahora mismo, algo que seduzca
y allane en mí tu ausencia,
algo que no remueva
nuestras viejas pasiones,
ni aparte mi mirada del plumaje
oscuro y elegante
que en su vuelo despliega el cormorán.

PASAN COSAS

para Arantxa

A veces pasan cosas
y otras pasan por cualquier tontería,
sin motivo para la desazón,
huyendo de la calma intempestiva
que irrumpe cada noche
                    de lluvia y aire negro.

Pasan cosas, a veces,
                    por dejarte las llaves
en distinto lugar al que acordamos,
                    por colgar el teléfono
sin apenas dejar que me despida,
como un ahorcado al que rondan los perros
bajo el sol abrasante en la colina.

Así pasan las cosas,
así, como la gabardina gris
que dejaste colgada en el armario
                    esperando inútilmente
que el dia amaneciera en *Upikum*,
o el beso y la pasión con que brotaban
las flores de tu boca en primavera.

Pasan cosas, sí, pasan cosas
                    y sigo sin saber
en qué contenedor
debí depositar este poema.

CÓMO HACER

para Angélica (julio, 2025)

Los poemas más bellos
son aquellos que no comienzan nunca,
porque no se dicen pero se sienten
en la forma en que laten sus abrazos.

¿Y cómo hacer para atrapar el tiempo
sin ser reconocibles como la *pendularia*
cuando se oculta en el ramaje
más frondoso de la boscosidad?

¿Cómo hacer de este tiempo recobrado
                    la semilla en la tierra
donde broten las hojas del mañana?

Un día no lejano acaso cambiará
                    el rumbo de tus pasos,
                    y *adiós* es la palabra
que nunca deberíamos pronunciar.

¡Qué ardua es esta noche de tristezas!
Es lo más parecido que recuerdo
a la sombra de la infelicidad
                    que nadie como tú
consigue disipar con su presencia.

No pretende culpar de mi desvelo
a los últimos sorbos de café,
                    la culpa no es de nadie,
acaso de esta noche
que lleva ardiendo demasiadas horas…

ACERO QUE TRASPASA

Esa clase de acero que traspasa
momentos de la vida,
que atraviesa el corazón, la garganta,
que te fuerza y te obliga
                    sin tregua y con dolor
hasta que acabas escupiendo sangre.

Esa clase de insania inveterada
                    que a nadie nos conviene
pero vibra y retumba
                    sobre nuestras cabezas
desbordando la hechura de estas páginas.

Debe ser por la falta de costumbre,
creía que la vida era otra cosa
—ya lo dijo en su dia Gil de Biedma—
pero eso no repara
                    la herida de cuchilla
                    que se abre en carne viva
cuando pongo mi mano en tu recuerdo.

ELEGÍA

a mi madre† (28 / 11 / 2025)

Hoy la bruma alcanzó
las altas cumbres del Moncayo.
No hay pájaros en las arboledas
                de los valles del Huecha.
Los olivos mantienen su follaje
                pero no darán fruto,
mientras las zarzamoras
oyen cantar la corriente del río.

Madre,
tu voz aún respira entre los geranios
                y sin embargo
algo en el aire te mantiene,
                una brizna del tiempo
que te aclama y se niega a disolverse.

Y es que no hay muerte cuando la ternura
es olivo y zarzamora, es río
que aviva en su rumor la despedida.

Vuelvo los ojos al Moncayo
ya sin bruma, y así termina el duelo:
la tierra no te guarda, te sostiene;
el aire no te borra, te reparte;
y el río y la arboleda no te lloran,
tan solo a su manera te pronuncian.

La vida nos visita,
pero nunca se queda con nosotros.

EL PANTANO

Los días eran largos
y las noches caían
                    sobre las chimeneas.
Era un alivio cuando me besabas
en el ángulo externo de los ojos
mientras el paso lento de las horas
se dejaba caer junto a tu gata.

Caminar por la tarde,
cruzar al otro lado del pantano
                    desde donde avistábamos
en su vuelo rasante al somormujo.

Ahora ¿qué quedó de todo aquello?
Quedó la plenitud casi borrada
y su tibio sentimiento en la memoria,
                    quedó el pantano inmóvil
aunque ya no lo vuela el somormujo,
                    el cielo que no sabe
que ya no lo miramos juntos.

Basta ya de nostalgias y recuerdos,
basta ya de abrazar a tus ausencias,
de urdir y remover
                    el fuego consumado.

A veces creo oír

tus pasos en la orilla del pantano
y es tan solo el vértigo del tiempo,
es el tiempo que rompe y acelera
ese instante fugaz
que entonces compartimos
y siempre llevaremos dentro.

INDICE

PARTE III *(meridianos pasionales)*

Acabose de imprimir esta
primera edición de
*OTROS MERIDIANOS
QUE NO ESTÁN EN LOS MAPAS*
de JOSÉ ANTONIO BUIL,
el día 7 de mayo de 2026,
aniversario del nacimiento
de Rabindranath Tagore

*Una vez, soñamos los dos que no nos conocíamos.
Y nos conocíamos. Y nos despertamos
a ver si era verdad que nos amábamos.*

LAUS DEO